Inhalt

IT-Peripherie - Die Zeit der traditionellen Eingabe-Geräte bewegt sich dem Ende entgegen

Kernthesen

Beitrag

Fallbeispiele

Weiterführende Literatur

Impressum

IT-Peripherie - Die Zeit der traditionellen Eingabe-Geräte bewegt sich dem Ende entgegen

M. Westphal

Kernthesen

- Computer-Mäuse gibt es bereits seit 30 Jahren als Eingabegerät für den Computer.
- Allerdings gibt es seit 30 Jahren kaum echte Innovationen auf dem Gebiet der Computer-Peripherie.
- Namhafte Unternehmen und Forschungsinstitute beschäftigen sich mit neuen, revolutionären Eingabegeräten, die eine intuitivere Eingabe ermöglichen.

Beitrag

Der Microsoft-Gründer Bill Gates sieht die nächsten technischen Revolutionen nicht in Content-Seiten wie Youtube, sondern in revolutionären Konzepten für die physische Interaktion mit Computern, durch Sprache, Berührung und Bewegung. (3)

Die Computermaus wird seit 30 Jahren als Eingabegerät für den Computer genutzt

Im Jahr 1963 meldete der US-Informatiker Douglas C. Engelbart vom Stanford Research Institute ein Patent für einen "XY-Positionsanzeiger für Bildschirm-Systeme" an. Zu diesem Zeitpunkt gab es an Computern aber noch kaum grafische Benutzeroberflächen, die Nutzer verarbeiteten in erster Linie Zahlen und Buchstaben. Das Interesse an dieser Erfindung war daher zu der Zeit sehr gering, weshalb der Erfinder sein Patent auslaufen lies. Dieses stellte sich im Nachhinein als fataler Fehler heraus. Heute ist die Computer-Maus vom Schreibtisch nicht mehr wegzudenken. Aber inzwischen arbeiten Forscher auf der ganzen Welt an neuen Eingabegeräten, die eine intuitivere Bedienung

ermöglichen sollen. (1)
Die Computermaus hat sich technologisch in den letzten 30 Jahren evolutorisch weiter entwickelt. So gibt es inzwischen kabellose Anbindung, Abtastlaser anstelle der kleinen Kugel an der Unterseite und andere marginale Modifikationen wie Scroll-Räder im Freilauf-Modus. Die Maus hat bei ganz normalen zweidimensionalen Anwendungen sicher auch weiterhin ihre Daseinsberechtigung, aber bei dreidimensionalen virtuellen Anwendungen werden neue Eingabe-Systeme notwendig werden. (2)
Aber neue Eingabegeräte sowie entsprechende futuristische Konzepte drängen auf den Markt und werden die gewohnte Maus über kurz oder lang verdrängen. (2)

Mäuse und Tastaturen werden deutlich seltener ersetzt, da ihre Produzenten kaum mit Innovationen aufwarten

Computer-Nutzer rüsten ihre PCs über schnellere Prozessoren, größere Festplatten oder lautere Aktivboxen auf. Von diesem Wettrüsten verschont bleiben einzig die Eingabegeräte wie Maus und Tastatur. Diese Eingabegeräte lassen nicht viel

Spielraum für technische Innovation, daher wird bisher kaum an einen Austausch gedacht, es sei denn das Gerät ist kaputt. (5)
Microsoft und Logitech stellen derzeit evolutionäre Innovationen im Bereich von Computer-Mäusen und Tastaturen vor.
Während Microsoft seine Tastaturen und Mäuse ganz auf das optimierte Zusammenspiel mit dem neuen Betriebssystem Windows Vista und entsprechenden Zusatzfunktionalitäten wie einem Vier-Wege-Scrollrad abstimmt, setzt Logitech bei seinem Scroll-Rad auf eine spezielle Metalllegierung, die das Blättern durch lange Dokumente rapide beschleunigt. (7)

Die traditionellen Computer-Eingabegeräte werden über kurz oder lang durch revolutionäre Innovationen ersetzt werden

Alternativen zur Computermaus bieten berührungsempfindliche Bildschirme (auch Tochscreens genannt), wie sie schon bei elektronischen Organizern und Mobiltelefonen zum Einsatz kommen. Weiterentwicklungen dieser Touchscreens vom Media Research Lab der

Universität New York können nun auch Berührungen an mehreren Stellen gleichzeitig verarbeiten. Objekte auf schultafelgroßen Flächen können mit beiden Händen geöffnet, geschlossen, vergrößert, verkleinert oder verschoben werden. (2)
Eine weitere Displaytechnologie, die Microsoft zusammen mit der kalifornischen Firma Eon Reality entwickelt hat, heißt TouchLight und kommt ohne Berührungen aus. Die Bewegungen des Nutzers werden von drei Kameras unabhängig von seiner Entfernung erfasst und auf die Inhalte projiziert. Zunächst soll diese Technologie für Schulungen in der Luft- und Raumfahrt verwendet werden. Allerdings weist das große Interesse von Seiten Microsofts darauf hin, dass man auch an die Nutzung für Heimanwendungen denkt. (2)
Das Fraunhofer-Institut hat "Video-Tracker" entwickelt, die auf Bewegungen des Kopfes, der Augen sowie auf Gesten des menschlichen Gegenübers reagieren. Ein Kopfnicken oder eine Geste oder Bewegung mit der Hand sollen ausreichen, dem Computer mitzuteilen, was man will. Es ist weder ein Eingabegerät von Nöten, noch wird die Berührung des Bildschirms erwartet. (2)
Diese Video-Tracker bestehen aus zwei Kameras in Stereoanordnung, um die Position der Fingerspitzen und Hände in einem dreidimensionalen Raum zu erfassen. Die Aufnahmen werden, von anderen Lichtquellen ungestört, mittels einer gepulsten

Infrarot-Beleuchtung 50-mal pro Sekunde gemacht.
(2)
Digitale Stifte mit Anoto-Funktionalität, die z. B. von Logitech angeboten werden, können zur gewohnten Eingabe von handgeschriebenen Texten und Zeichnungen per Digitalisierung der Schrift und Zeichnungen in den Computer genutzt werden, so dass keine Tastatur mehr benötigt wird und es keine Schnittstellenbrüche mehr gibt, die durch die Eingabe handschriftlicher Texte und Zeichnungen in den Computer mittels Tastatur und Maus noch entstehen.

Auch die deutsche 3DiMotion GmbH hat erste Demonstratoren für intuitiv zu bedienende Eingabegeräte vorgestellt. Dieses Unternehmen arbeitet bei seinen Produktkonzepten für Computer- und Spieleingabegeräte ohne Kameratechnik oder weitere Hilfsmittel wie Spezialpapier. Die Geräte (Stifte, Mäuse und innovative Eingabegeräte für Computerspiele) arbeiten im dreidimensionalen Raum und ermöglichen aufgrund ihrer speziellen Algorithmen auch die Nutzung als biometrische Sicherheitssysteme.

Fallbeispiele

Adidas hat auf dem Champs-Elysees in Paris das "mi innovation center" eröffnet, in dem Kunden sich mithilfe dieses Systems virtuell durch die Welt bewegen können und dabei die Wunschschuhe konfigurieren können. In einem virtuellen Spiegel können die Besucher sehen, wie die ausgesuchten Schuhe am eigenen Fuß aussehen würden. Diese Technologie ist auch zuhause mittels ganz einfacher Web-Cams realisierbar. (2)

ARP DATACON hat eine flexible Tastatur mit USB- oder auch drahtlosem Anschluss auf den Markt gebracht, die gegen jegliches Eindringen von Staub oder Wasser geschützt und abwaschbar ist. Die integrierte Elektronik wird durch Säuberung mit handelsüblichen Reinigungsmitteln nicht beschädigt. Mittels eines mitgelieferten USB-Dongles ist über eine 2,4 GHz Funkverbindung auch eine Übertragung über mehrere Meter zwischen Tastatur und Computer möglich. Das Material erlaubt ergonomisches Arbeiten mit geringem Druckpunkt und nahezu ohne Tippgeräusche. Die Flexibilität der Tastatur macht diese Tastatur vor allem für Reisende interessant, da die Tastatur zusammengerollt werden kann und dann in jeder Akten- oder Notebooktasche Platz findet. Der Preis dieser Tastatur inklusive dem USB-Dongle beläuft sich auf etwa 40 Euro inklusive Mehrwertsteuer. (4)

Die koreanische Firma A4tech hat jetzt eine Maus auf den Markt gebracht, die auf den Namen NB57D hört. Sie ist nicht nur drahtlos wie viele andere ihrer "Kolleginnen" auch, sondern sie kommt zusätzlich ohne Batterie aus. Als Stromquelle dient laut dem Hersteller "magischer Magnetismus". Dabei nutzt die Maus elektromagnetische Induktionstechnologie, um über das Mouse-Pad aufgeladen zu werden. Gemäß dem englischen Physiker Faraday ermöglichen Veränderungen in einem Magnetfeld elektrischen Stromfluss. Eine ähnliche Technologie wird von Induktions-Kochplatten bei Küchenherden genutzt, die nur heiß werden, wenn ein Topf drauf steht. Der Nachteil dieser Maus ist aber, dass sie ihr Mouse-Pad benötigt, um zu funktionieren. Somit ist die Magie der Maus nicht grenzenlos. Dafür ist sie in Deutschland für etwa 15 Euro erhältlich. (5)

Am Fraunhofer Institut für Produktionstechnik und Automatisierung (IPA) beschäftigen sich Forscher schon seit einigen Jahren mit der schnellen und möglichst einfachen Generierung von Roboterprogrammen für 2D- und 3D-Bearbeitungsprozesse. Genutzt werden hierzu als intuitive Eingabemedien digitale Stifte mit so genannter Anoto-Funktionalität, die von verschiedenen Herstellern angeboten werden. Diese Stifte ermöglichen mit ihrer eingebauten Kamera die Zeichnungen und geschriebenen Texte zu erfassen

und an einen Computer zur weiteren digitalen Verarbeitung zu übergeben. Dazu wird ein Spezialpapier benötigt, mit einem feinen Punktmuster. Der Stift errechnet die jeweilige Position auf dem Papier und legt diese Position zusammen mit einem Zeitstempel in den Speicher des Stiftes. Das gepunktete Papier kann mittels eines Laser- oder Tintenstrahldruckers mit genügend hoher Auflösung auf gewöhnlichem Kopierpapier gedruckt werden. (6)
Das IPA nutzt diesen Stift für ein weltweit einzigartiges Umformverfahren. Mit dem digitalen Stift wird eine Zeichnung erstellt und die Positionsdaten werden an einen PC übertragen. Mit einer vom Fraunhofer-Institut erstellten Software werden die Daten für einen Umformprozess durch einen Roboter erstellt. Ebenso können Blechteile mit eingeprägten handgeschriebenen Texten innerhalb kürzester Zeit hergestellt werden.
Außerdem ist bald durch einfaches Skizzieren mit diesem digitalen Stift die Erstellung von CAD-Zeichnungen möglich. Digitale Stifte, Joysticks und Touchscreens werden bei der Erstellung von Roboterprogrammen bald nicht mehr wegzudenken sein. (6)

Weiterführende Literatur

(1) Aus die Maus
aus Kölner Stadtanzeiger, 15.11.2006

(2) Nicken statt Klicken
aus Kölner Stadtanzeiger, 15.11.2006

(3) Gates lässt Maus und Tastatur verschwinden
aus tecChannel.de Online, Meldung vom 13.11.2006

(4) Flex-Tastatur: wasserdicht, kabellos und unverwüstlich
aus PC-Welt Online, Meldung vom 12.11.2006

(5) Innovativ Funkmaus ohne Strom Magnete steuern Computer
aus Frankfurter Rundschau v. 10.11.2006, S.39, Ausgabe: R Region

(6) Stift der Weisen
aus MM MaschinenMarkt Nr. 41 vom 09.10.2006 Seite 88

(7) Von Mäusen und Menschen
aus "Computerwelt" Nr. 41 / 2006 vom 03.10.2006

Impressum

IT-Peripherie - Die Zeit der traditionellen Eingabe-Geräte bewegt sich dem Ende entgegen

Bibliografische Information der deutschen Nationalbibliothek

Die Deutsche Nationalbibliothek verzeichnet diese Publikation in der deutschen Nationalbibliografie; detaillierte bibliografische Daten sind im Internet über http://dnb.d-nb.de abrufbar.

ISBN: 978-3-7379-0324-0

© 2015 GBI-Genios Deutsche Wirtschaftsdatenbank GmbH, Freischützstraße 96, 81927 München, www.genios.de

Alle Rechte vorbehalten. Dieses Werk ist einschließlich aller seiner Teile – z.B. Texte, Tabellen und Grafiken - urheberrechtlich geschützt. Jede Verwertung außerhalb der Grenzen des Urheberrechtsgesetzes bedarf der vorherigen Zustimmung des Verlags. Dies gilt insbesondere auch für auszugsweise Nachdrucke, fotomechanische

Vervielfältigungen (Fotokopie/Mikroskopie), Übersetzungen, Auswertungen durch Datenbanken oder ähnliche Einrichtungen und die Einspeicherung und Verarbeitung in elektronischen Systemen.